图解

费曼学习法

孙静◎主编

四川美术出版社

图书在版编目（CIP）数据

图解费曼学习法 / 孙静主编 . -- 成都：四川美术
出版社 , 2025. 6. -- ISBN 978-7-5740-1739-9

Ⅰ . G442

中国国家版本馆 CIP 数据核字第 20255BF183 号

图解费曼学习法

TUJIE FEIMAN XUEXI FA

孙静◎主编

责任编辑：罗　群

责任校对：陈　玲

责任印制：杨纯鉴

出版发行：四川美术出版社有限公司

　　　　　（成都市锦江区工业园区三色路 238 号　邮编 610023）

制　　作：武汉市米艺文化传播有限责任公司

印　　刷：湖北省嘉柠印务有限公司

成品尺寸：170mm×240mm

印　　张：8

图 幅 数：30 幅

字　　数：100 千字

版　　次：2025 年 6 月第 1 版

印　　次：2025 年 6 月第 1 次印刷

书　　号：ISBN 978-7-5740-1739-9

定　　价：39.80 元

在我们的成长过程中，学习占据着至关重要的地位。大家都希望自己能够轻松高效地学习，取得优异的成绩，为未来的发展奠定坚实的基础。然而，现实往往不尽如人意，我们在学习的道路上会遇到各种各样的困难和挑战，如学习效率低下，成绩难以提升等。这不仅让我们感到沮丧和挫败，也让家长们忧心忡忡。

然而，你是否好奇过，为什么有些人学习就像搭积木一样轻松有趣，而自己却总在知识的迷宫里打转？诺贝尔物理学奖得主理查德·费曼的答案很简单：真正的学习不是复述知识，而是建立对世界的认知框架。费曼学习法的核心理念是"输出带动输入，教是最好的学"。简单来说，就是通过向别人清楚地解说某一件事，来确认自己是否真正弄懂了这件事。

《图解费曼学习法》巧妙地将费曼学习法与漫画相结合，以轻松幽默的方式，系统地讲述了费曼学习法在日常学习中的应用。书中以不同的人物形象为主角，带领我们走进费曼学习法的奇妙世界。我们可以跟随他们的脚步，一起学习如何调整心态、制订目标、找对方法、尝试输出、复盘简化，从而实现融会贯通，让学习变得更加轻松有趣。

阅读这本书，我们将学会运用费曼学习法来提高自己的学习效率——无论是语文、数学、英语等学科知识的学习，还是各种技能的培养。希望我们不再为学习而烦恼，而是能够主动地探索创新，享受学习的乐趣。

让我们一起翻开这本《图解费曼学习法》，让它陪伴你踏上学习新旅程。

孙静

2025 年 5 月

目录

第二章
制订学习目标

第三章
有效输入的方法

第四章
学会输出，挑战自我

第五章
回顾复盘和简化

第六章
保持高效学习

什么是费曼学习法？

小雪是一个非常努力的小学生。课堂上，她总是认真听课，手中的笔还不停地记录着重点；下课后，她还认真完成课后习题。可是每次考试，她的成绩都不太理想，这让小雪有些沮丧。

有一天，小雪在图书馆遇到了邻居家的哥哥。哥哥是个学霸，成绩非常好。小雪向哥哥倾诉了自己的烦恼，哥哥笑着说："我教你一个神奇的学习方法，叫费曼学习法。"

"费曼学习法？那是什么？"小雪好奇地问。

哥哥拿出了一本书，翻开其中一页："费曼学习法是通过讲解给别人听的方式来加深自己对知识的理解。你听过'教别人就是最好的学习'这句话吗？就是这个道理。"

小雪听了有些疑惑："可是我能讲给谁听呢？"

哥哥笑着说："你可以尝试给我讲解你今天学的知识，尽量用简单的语言告诉我。如果有哪里讲不清楚，那就说明你还没有完全理解，可以再去复习。"

小雪决定试一试。她回忆起今天的数学课，便开始给哥哥讲解加法和减法的进位规则。一开始，她讲得磕磕绊绊，哥哥不时提问，小雪都答不上来，她渐渐意识到，自己只是在机械地模仿老师的话，并没有真正理解课堂上的内容。于是，她决定重新看课本，理清楚每个步骤，并把它们用更简单的方式讲给哥哥听。

"我发现，原来给别人讲解的过程，能帮助我发现哪些地方不懂，这样复习效果更好。"小雪兴奋地说。

哥哥点点头："对的，费曼学习法就是这样，通过讲解和复习，帮助自己加深对知识的理解。记住，当你用最简单的方式把知识讲清楚时，就说明你真的掌握了它。而且这个方法不仅适用于数学，所有学科都能用。"

小雪决定以后都要用费曼学习法来巩固所学知识，不过要讲给谁听呢？小雪在回家的路上思考着……

阅读感悟

从小雪的故事中，我们能深刻体会到费曼学习法的强大之处。它打破了传统死记硬背的学习模式，让学习变得主动且有趣。通过模拟教学，能快速发现自己掌握知识的情况，及时查漏补缺，真正做到理解知识和学以致用。

成绩提高了

小雪在考试中取得了好成绩，同学们都很好奇她的学习秘诀。于是，小雪决定给大家介绍神奇的费曼学习法。

学习妙招

小雪每天都认真学习，但成绩却总是没能提升。这是许多学生会遇到的问题，并不是他们不够努力，只是还没真正掌握方法。费曼学习法让学习像讲故事一样简单，我们只需要花上一点时间让自己理解，了解这些知识的内核，然后再用简单的语言解释出来。

1. 选定知识目标

依据自己的学习进度与薄弱环节来挑选学习内容，这样能让学习更具针对性，避免盲目学习，集中精力攻克关键知识点。

2. 生动讲解，加深理解

讲解知识时，可以运用比喻、联想等方法，把抽象知识变得生动有趣，自己也能更好地理解和记忆。

3. 及时查漏补缺

在讲解过程中，一旦遇到卡壳或疑惑，可以通过查阅课本、去图书馆找资料等方式，把不清楚的地方弄明白。

学习小测试

当你想要记住某个数学公式时，会怎么做呢？请在方框里打"√"。

☐ 自己一个人默默背诵。

☐ 把数学公式讲给妈妈听。

☐ 把数学公式写在卡片上，没事就拿出来看看。

不上课也能学到知识？

自从升学后，小阳感觉课本里的内容变得越来越难，他甚至连课都听不太懂。语文课上，那些古诗词怎么背都记不住；数学公式，在他眼里就像一堆乱码；英语单词读起来拗口又难记。每次上课，他都觉得时间过得特别慢，窗外的小鸟好像都比上课有趣。他变得越来越不喜欢上课了，甚至偶尔还在课堂上打起了瞌睡。

周末，小阳本想好好睡个懒觉，可妈妈一大早就把他叫起来，让他帮忙整理杂物间，小阳只好不情不愿地推开杂物间的门。

在整理的过程中，他发现了一个旧的指南针，指南针上的指针晃来晃去，引起了他的好奇。小阳记得科学课上学过一些关于磁场的知识，但当时听得一知半解。现在，他决定自己弄明白。他找来百科全书，又在网上搜索相关资料，还把指南针拿到不同的地方观察指针的变化，终于弄懂了指南针和磁场的关系。

晚上，表弟小雨来家里玩，看到小阳在研究指南针，就好奇地问："哥哥，这个指南针为什么会转呀？"小阳一下子来了兴致，就把自己白天学到的知识，用简单易懂的话讲给了表弟听。讲着讲着，他发现自己对磁场知识理解得更深刻了，那些原本在课堂上模糊的概念也变得清晰起来。

第二天的科学课上，老师又讲到磁场，小阳居然轻松地回答出了老师的问题，还把自己研究指南针的过程分享给同学们。

老师听了，笑着说："小阳，你这其实就是在运用费曼学习法呀！通过自己探索知识，再讲给别人听，能让自己学得更透彻。"

小阳这才明白，原来学习不止在课堂上啊，只要有好奇心，愿意去探索，生活中到处都是学习的机会。

阅读感悟

小阳从对学习迷茫、不想上课，到偶然运用费曼学习法获得知识，这一转变告诉我们，学习不局限于课堂，生活是更广阔的学习天地。当我们像小阳一样，把自己学到的知识分享给别人，不仅能帮助他人，还能让自己对知识的理解更上一层楼。我们要保持好奇心，积极探索生活中的知识，用费曼学习法让学习变得更有趣、更高效。

课外学习

自从发现了费曼学习法的奇妙之处，小阳在生活中开启了更多有趣的知识探索……

 学习妙招

学习不一定要在课堂上进行，只要善用"费曼学习法"，即使在课外，也能学到很多有用的知识。

1.巧用生活素材

留意生活中的各种细节，将其转化为学习素材，比如看到厨房烧水时水壶冒热气，就联想到物态变化的知识，通过查阅资料、观看科普视频，深入了解汽化和液化原理。生活处处是课堂。

2.巧用类比与联想

在学习新知识时，将其与已有的知识或生活经验进行类比和联想。在给他人讲解知识时，也要运用生动的类比，让知识更容易被理解。

3.定期回顾与实践

每周安排固定时间，通过向家人、朋友再次讲解的方式，检验自己的掌握程度。同时，将所学知识运用到实际生活中，加深对知识的理解和记忆。

学习小测试

当你对天空中的星星产生了好奇，你会怎么获取知识呢？请在方框里打"√"。

☐ 去问爸爸妈妈。

☐ 在脑海中猜想。

☐ 查阅资料，弄明白后讲给小伙伴听。

超有趣的背书方法

乐乐最近被背书这件事搞得焦头烂额。语文课本里的古诗词，那些拗口的词句就像和他作对一样，怎么读都读不顺，更别提背下来了。英语单词也是刚记住就从他脑袋里溜走了。

这天晚上，乐乐坐在书桌前，对着课本发呆，嘴里还一直念叨着什么。爸爸看到他这样子，便问："乐乐，怎么了？是背书不顺利吗？"

乐乐叹了口气，放下课本："爸爸，这首诗我背了好几遍，还是记不住，明天老师就要抽查了，怎么办啊？"

爸爸笑着说："你可以跟我讲讲看这首诗写了什么吗？"

乐乐有点疑惑：自己本来就没多少时间来背书了，爸爸还问这个做什么？但他还是回答了这个问题："这首诗写了诗人到边塞打仗的故事……"说到这里，乐乐就卡住了，"我……我不知道接下来怎么说了。"

爸爸听完，笑了笑，轻轻拍了拍乐乐的肩膀："你觉得这首诗好像很难记，是吧？其实你并没有完全理解它。当你理解了它的意思，记起来就不难了。你不妨再试着把它当成一个故事来讲。"

于是乐乐翻开了课本，开始带着讲故事的心情重新阅读这首诗。他发现这次的感觉不一样了，古诗竟变得有趣起来，诗词中的画面像电影一样在他脑海里闪现。

乐乐读完后，信心满满地对爸爸说："我知道诗人在边塞经历了什么了！"

乐乐越讲越顺，他不仅记住了诗的内容，还能说出它背后所包含的情感，甚至加入了自己的感受："诗人通过这首诗想表达对战争的无奈和对亲人的深深思念。"当他说完，自己都惊讶了。

爸爸微笑着看着乐乐："你发现了吗？当你把这首诗讲成一个故事，并且理解了它的意思，背起来就轻松多了。这其实就是费曼学习法，当我们能把学到的知识用简单的语言讲出来时，才是真正掌握了它。"

这下，乐乐不担心明天的抽查了，终于安心地去睡觉了。

阅读感悟

费曼学习法强调的就是通过讲解和教学来加深对知识的理解，它把枯燥的背诵变成有趣的分享，让知识不再是死记硬背的负担。当我们能用简单的话语把知识讲给别人听时，才真正掌握了这些知识。在学习中，我们不妨多尝试使用费曼学习法，把知识变成自己的故事，让学习变得更加高效、有趣。

又要背书了

　　班级里像乐乐这样为背书烦恼不已的同学有不少呢，他们每次面对书本都头疼。这次，轮到乐乐给同学们传授方法了……

学习妙招

相信许多同学一提到背书就唉声叹气，每天花费大量时间和精力重复记忆，可结果往往不尽人意。费曼学习法为大家提供了新的思路。

1. 深度理解内容

在背诵前，不要急于死记硬背，先花时间深入理解要背的内容。比如背诵古诗词，就要先了解诗词的创作背景、诗人的情感表达，分析诗句的含义和意境。

2. 生动讲述知识

把要背诵的内容讲给别人听，在这个过程中，尽量用生动有趣的语言，加入自己的理解和想象。这不仅能帮助你厘清思路，还能发现自己哪里理解得不透彻。

3. 及时回顾反思

讲完后，回顾自己的讲述过程，看是否有卡壳、遗忘的地方，针对这些问题再次学习。同时，定期复习背过的内容，强化记忆。

学习小测试

当你用费曼学习法背课文时，应该首先做什么？请在方框里打"√"。

☐ 先理解课文的意思，并把它讲给别人听。

☐ 一字一句地死记课文，直到记住为止。

☐ 跳过不懂的部分，先背自己会的内容。

和同桌的"知识交换赛"

　　小菲和同桌小宇是一对"欢喜冤家"。他们俩都特别爱学习，可谁也不服谁，总想着在学习上一较高下。

　　这天课间，小菲突发奇想，对小宇说："咱们来一场知识交换赛吧，互相出题考对方，看谁懂得多！"小宇一听，立刻来了兴致，拍着胸脯答应道："比就比，谁怕谁！"

　　比赛开始了，小菲先出题："如果一个正方形的边长是4厘米，那么它的面积是多少？"

　　"4乘4，得16平方厘米！"小宇回答正确，得意地挑了挑眉毛。然后小宇出题："那你说说，《静夜思》的作者是谁？"小菲心想，这也太简单了，大声说道："李白！"

　　就这样，两人你来我往，题目从语文、数学，到科学、历史，范围越来越广。一开始，两人还能轻松应对，可渐渐地，遇到的难题越来越多。

　　这一次，小宇问："风力是怎样确定的？"小菲愣住了，虽然在科学课上学过，但具体的却说不清楚。小宇见难住了小菲，赶紧把自己知道的风力知识讲给她听。

　　轮到小菲出题时，她也想难住小宇，问道："怎么用方程解应用题？"小宇挠了挠头，讲了半天，小菲听得一头雾水，于是她把自己的理解讲给小宇听，但小宇也听得不明不白，两人争论得面红耳赤，谁也说服不了谁。

这时，老师走了过来，笑着问他们在争论什么。他们俩争先恐后地把"知识交换赛"的事说给了老师听，老师听完后说："你们这是在用费曼学习法啊！"

"什么是费曼学习法？"小菲和小宇异口同声地问。

"就是通过互相出题、讲解，把知识教给对方，能让自己理解得更透彻。"老师解释道。

小菲和小宇恍然大悟，原来不知不觉中，他们已经在运用这么厉害的学习方法了。从那以后，他们进行"知识交换赛"的次数更加频繁，学习成绩也越来越好。

阅读感悟

小菲和小宇玩的"知识交换赛"，不仅充满乐趣，还能让学习效率大幅提升。通过给别人讲解知识，我们能发现自己的知识漏洞，还能锻炼思维能力和表达能力。同时，在听别人讲解的过程中又能从不同角度理解知识，拓宽自己的知识面。学习不是一个人的战斗，和伙伴们互相交流、分享知识，能让我们在学习的道路上走得更远。

解锁新知识

自从知道"知识交换赛"是在使用费曼学习法后，小菲和小宇可来劲了，他们决定好好规划下一场比赛，让学习更上一层楼。

 **学习妙招**

　　和同学互相提问的目的在于强化对知识的理解、输出与反思，这也是提高学习效率的一种方式。

　　1.精心准备题目

　　在提问前，先和同学确定好提问涉及的学科范围，比如语文、数学、科学等。然后针对每个学科，深入挖掘知识点。可以从课本的重点内容、课后拓展知识入手，如数学的解题思路、语文古诗词的意象等。

　　2.积极互动交流

　　提问过程中，不仅要专注于回答问题，还要注重互动。当对方回答时，认真倾听，若有不同观点，礼貌地提出并一起探讨。

　　3.学会归纳总结

　　通过讲解和讨论，梳理哪些题目回答得轻松，哪些比较困难。对于答错或理解不深的题目，重新查阅资料，深入学习。还可以将知识点归纳成更简洁、更易记的形式。

学习小测试

　　在和同学互相提问时，想要更好地使用费曼学习法，以下哪种做法最合适？请在方框里打"√"。

☐ 把课本上的原话照搬给对方。

☐ 只关注答案对错。

☐ 讲解答案时，用简单易懂的语言并举例说明。

原来学习没那么难

小新是个活泼好动的小男孩，在学校里，他最期待的课就是体育课，但一到别的课，他就觉得浑身不自在，什么都听不进去。

每天放学回到家，小新就把书包随手一扔，迫不及待地跑出去玩儿。妈妈叫他写作业，他总是不耐烦地回应："哎呀，等会儿嘛，再玩一会儿。"等到实在拖不下去了，他才磨磨蹭蹭地坐到书桌前，看着作业本上密密麻麻的题目，小新的脑袋都大了，一会儿抠抠手指，一会儿望着窗外发呆，原本一个小时能完成的作业，他常常需要三四个小时，而且错误百出。

小新觉得学习太费时间了，每天都要坐在书桌前，做那些无聊的题目，背那些拗口的课文，一点乐趣都没有。他甚至开始讨厌上学，讨厌学习。

班主任王老师发现了小新的问题，便和小新的妈妈沟通。妈妈得知情况后，决定和小新好好谈一谈。

晚上，妈妈坐到小新身边，温和地问："最近学习是不是有些吃力？"

小新本来不想说，但妈妈没有批评他，反而很耐心地等着。他犹豫了一下，嘟囔着说："作业太多了，根本做不完。每天都写，太浪费时间了。"

“你是觉得作业太多，还是因为不会做？”妈妈继续问。

小新低着头想了想，说：“有些题目太难了，我在课堂上听着好像懂了，回家做的时候就不会了……”

妈妈点点头：“那你能不能讲讲，今天老师讲的内容是什么？”

小新说：“老师讲了分数应用题，就是……呃……比如一个蛋糕分成几块……然后……”他说到一半突然卡住了。

妈妈微笑着说：“那你再看看书，试着把它讲清楚。就像你在教一个从来没学过这道题的人一样，把它讲得简单一点。如果你能把知识讲得简单明白，就说明你真的学会了。”

小新半信半疑地翻开书，心想：妈妈说的方法到底有用吗？

阅读感悟

很多时候，我们以为自己听懂了课堂上的知识，但当真正开始做题时，却发现自己不会。这是因为“听懂”并不等于“学会”。小新就是这样，他在课堂上觉得自己明白了，可一到做作业就犯难。妈妈教给小新的是费曼学习法，如果能用简单的语言讲清楚，就说明真正理解了。

尝试新方法

小新总觉得学习太难，作业太多，让他头疼不已。妈妈教给他一个新方法，让他用讲故事的方式学习。

 **学习妙招**

想要学得又快又好，关键是要真正理解知识，并且能够灵活运用，要做到这些，不妨尝试以下方法：

1. 转变学习心态

当觉得学习困难时，先停下抱怨，深入剖析自己对学习厌烦的原因。直面问题，将对学习的抵触情绪转化为积极解决问题的动力。

2. 巧用费曼学习法

费曼学习法的核心在于"以教代学"，通过教别人的方式促进自己学习。在学习新知识后，尝试将其讲给他人听，在讲解过程中，最好能结合生活实例，让知识变得生动形象。

3. 注重知识实践

学习不能只停留在书本上，要将所学知识运用到实际生活中。比如购物时计算价格折扣；旅行前规划旅行预算；去景点游玩时，联想诗句描绘的场景。通过实践，一方面能检验自己对知识的掌握程度，另一方面还能查漏补缺。

学习小测试

如何才能高效地学习呢？请在方框里打"√"。

☐ 长时间不间断地学习，不休息。

☐ 学会用简单的方式讲解所学的知识。

☐ 只记住最重要的内容，其他的都不管。

每周定下三个目标

小蕊一直是个爱学习的孩子，她每天放学后不是写语文作业，就是背英语单词，或者做几道数学题。写完作业后，她还会看科普书和历史故事，甚至抽空练字。一晚上忙忙碌碌，可知识在她脑袋里混成一团，等到要用的时候就是想不起来。

每次考试成绩出来，小蕊的分数总是不尽如人意，这让她十分苦恼。她不明白，为什么自己花了这么多时间和精力，学习效果却这么差。她开始怀疑自己是不是太笨了，甚至对学习产生了一丝恐惧和抵触。

这天晚上，妈妈见小蕊闷闷不乐，便关心地问："小蕊，怎么了，今天学习得不顺利吗？"

小蕊叹了口气说："我每天都在学习，可是感觉什么都学了一点，但什么都没学好。"

妈妈想了想，问道："那你今天学了些什么？"

小蕊歪着头想了一下，说："我先写了语文作业，然后背了几首古诗，又做了几道数学题，还看了一篇英语短文……然后……我还翻了翻《十万个为什么》……"

妈妈微笑着问："那你能告诉我，你今天学习的重点是什么吗？"

小蕊愣住了，答不出来。

妈妈继续说道："你没有明确的学习目标，所以学得很散，记不牢。你得先给自己制订清晰的学习目标，有了目标，努力才有方向。"

小蕊疑惑地问："要怎么制订呢？"

妈妈指着小蕊的笔记本说："你可以每周给自己定下三个明确的学习目标，把重点放在这些内容上。每天围绕这三个目标去学习，到了周末，你再来检查自己是不是掌握了。"

小蕊听了，若有所思地点点头。她在笔记本上写下了本周的学习目标，心里顿时有了底。

阅读感悟

在学习过程中，不能只凭一腔热情埋头苦学，还需明确目标，为努力找准方向。同时，借助费曼学习法制订目标，养成科学的学习习惯，加深对知识的理解，提升学习效率，开启高效学习之旅。

树立目标

小蕊在给自己定学习目标时遇到了一些困难，她是怎么找到方法的呢？

学习妙招

树立学习目标就能清楚地知道自己学习的重点是什么。有了目标，还能让你更有动力，因为你知道自己努力后能收获什么，会更愿意主动去学习。

1. 目标具体且清晰

选择自己最想掌握的知识点，设定具体、清晰的目标，而不是只有"我要把数学学好"这种模糊的想法。有了明确的目标，就能集中精力，高效学习。

2. 制订每日计划

把大的目标细化到每日的学习中，这样每天只需完成一点点，不会有压力，学习也变得轻松有趣。不知不觉你会发现，自己已经完成了制订的学习目标。

3. 及时复习巩固

学完后，要对所学知识进行全面复盘，可以试着用自己的话讲出来，比如告诉爸爸妈妈或者同学自己学到了什么，就像老师讲课一样。如果能讲清楚，说明你真的掌握了。

学习小测试

当你想要提高数学成绩，你会定下以下哪种目标呢？请在方框里打"√"。

☐ 每天多做 10 道数学题。

☐ 下学期数学成绩要比这学期好。

☐ 本周内熟练掌握一元一次方程的解法。

十分钟打败拖延症

多多十分聪明，但他有一个让爸爸妈妈和老师都头疼的问题——做事总是拖拖拉拉。

放学后，别的同学都赶紧回家写作业，多多却在文具店前徘徊，一会儿看看新出的文具，一会儿又摸摸玩具，磨蹭了好久才往家走。回到家，多多放下书包后不是马上开始写作业，而是先打开电视，想着看一会儿动画片再写，可动画片结束后，他又被精彩的综艺节目吸引。等节目播完，天已经黑了，他才不情愿地坐到书桌前，面对一堆作业发呆。

"先写数学吗？可是有几道题看着好难，不想动脑。"

"那先写语文吧！可是一想到要写作文，就感觉没灵感……"

"还是先看看英语单词。哎，算了，等下再记。"

就这样，作业本摊在桌上，可多多却一直没动笔，越拖心里越焦虑。

这时，妈妈走进房间，看到多多一脸烦躁地趴在桌上，问道："怎么还没写完？"

多多垂头丧气地说："太多了，不想写……"

妈妈接着说："你可以给自己制订一个十分钟的小目标。比如只写十分钟，不要求做完所有作业，也不想太多，只要开始就行。"妈妈指着他的作业本，"现在，你可以试试吗？"

多多想着：反正只有十分钟，于是拿起笔写了起来。一开始，他还是不太想写，但当他真正开始后，竟然越写越顺，十分钟很快就过去了，他甚至觉得可以再多做一会儿！

妈妈笑着说："你看，是不是没那么难？只要迈出第一步，就比一直拖着强。"

多多点点头，又给自己定了下一个十分钟的目标，作业很快就全部完成了。

从那以后，多多每天都会给自己定好几个十分钟的目标，而且在完成目标的过程中，不断运用费曼学习法加深对知识的理解。慢慢地，多多的拖延症越来越轻，学习成绩也越来越好。他发现，原来只要有了目标，十分钟就能打败拖延症。

阅读感悟

拖延并非无法改变，只要明确目标，将大任务拆分成一个个小目标——就像多多的十分钟目标，能帮助我们迈出第一步，让学习变得更容易坚持。而结合费曼学习法，尝试用自己的话讲解知识，能让我们学得更扎实。只要开始，就已经赢了一半。

变得自律了

在多多成功完成十分钟小目标，初尝战胜拖延症的甜头后，他的生活和学习又会发生哪些新变化呢？

学习妙招

只要树立目标，并把大任务分解成小任务，每天专注十分钟，按部就班地完成任务，就能轻松打败拖延症。

1. 快速列清单

在开始学习前，花一分钟时间，把要做的学习任务快速写在纸上。然后，给每个任务都分配十分钟，可以从最简单的任务开始。

2. 专注于行动

在十分钟这个时间段，只做一件事，不分心。定好计时器，开始专注学习。你会发现，十分钟很快就过去了，而且只要开始，就会觉得任务也变得容易了。坚持这个习惯，拖延症就会慢慢远离你。

3. 设置小奖励

每完成一个十分钟的学习目标，就给自己一个小奖励。比如要是十分钟内认真背完了十个单词，就可以看五分钟喜欢的漫画书。这些小奖励能让你更有动力。

学习小测试

当你发现自己总是拖延学习任务时，下面哪种方法最有效？请在方框里打"√"。

☐ 先给自己定一个十分钟的小目标，专注地完成目标。

☐ 一直拖着不做，等到最后一刻才临时抱佛脚。

☐ 一边学习一边玩，告诉自己"反正时间还多"。

给知识贴标签

在所有科目中，小磊最害怕语文和英语。在他眼中，语文课本里的古诗词、生字词、阅读理解，英语课本中的单词、语法、句型就像一团乱麻，错综复杂，毫无头绪。每次考试前复习，他拿着课本，从头翻到尾，感觉要记的东西无穷无尽，完全不知道该从哪里入手。

课堂上，老师讲解新的知识点，小磊认真地听着，笔记也记得密密麻麻。可课后，当他想要复习时，看着那一大片文字，脑袋里的知识就变成了一团糨糊。小磊尝试过多种方法：死记硬背、反复抄写，可效果都不理想。

这堂又是英语课，老师走进教室说："同学们，我们今天来复习一下本单元的重点单词。"

小磊心里一紧：完了！当老师点到他时，他果然又没答出来。但同桌小茹回答得又快又流畅，小磊心里暗暗羡慕。

下课后，小磊好奇地问："小茹，你是怎么记住这么多的？"

小茹拿出一本笔记本，上面贴着五颜六色的小标签，每个标签上都写着不同的分类，比如"天气""食物""颜色""方位"。她笑着对小磊说："我给知识贴了'标签'

啊！就像整理房间一样，把知识也归类整理，复习的时候就不会乱了。"

听了小茹的话，小磊决定试一试这个方法。回家后，他先拿出语文课本，将知识进行分类，给每一类贴上标签。

他又试着用不同颜色的便利贴给英语单词分类，比如蓝色代表"天气"，红色代表"食物"，黄色代表"运动"。

第二天，他惊喜地发现，老师提问时，他再也不像以前那样脑子一片空白，而是能从自己的"标签库"里迅速找到答案了！

阅读感悟

在学习过程中，面对海量的知识，我们不能盲目地死记硬背，而是要学会梳理与分类。给知识贴标签就像给图书馆的书籍分类一样，能让我们快速找到所需知识。同时，重点的内容做好特殊标记，这样查找起来才不会手忙脚乱。

贴标签达人

整理好知识标签后，小磊开始在课堂上和家里实践这个新方法。

 学习妙招

　　给知识贴标签，就像给书本做目录，把零散的知识分类整理，这样复习时就像查字典一样，既快速又有效。

　　1.明确分类，锁定重点

　　将知识按照主题或内容分成几大类。例如，语文中的古诗词背诵、阅读理解、写作技巧就属于不同类别，我们应贴上不同的标签。做好分类能帮助我们明确每个部分的重要知识点，避免混乱。

　　2.使用颜色和图标，增强记忆

　　在分类后，使用颜色或图标对每一类进行标记。颜色和图标能让信息区分更明确，使大脑更容易记住，在复习时便一目了然，更快找到目标。

　　3.用自己的话整理，巩固理解

　　把每个分类下的知识点用自己的语言重新整理一遍，写出简短的解释或关键词。整理完后，可以用讲解的方式复述，检验自己是否真正掌握了知识。

学习小测试

　　给知识贴标签的方法能怎样帮助你提高学习效率？请在方框里打"√"。

☐ 只适用于语文，其他科目没用。

☐ 只是浪费时间装饰笔记。

☐ 让知识有序，复习时更容易找到重点。

合理安排假期

暑假到了，小凯兴奋极了，想着终于可以尽情玩耍了。于是，他每天睡到快中午才起床，下午窝在沙发上看电视，晚上捧着手机打游戏，总想着作业"明天再写"。

就这样，日子一天天过去，作业被小凯抛到了九霄云外，原本计划要看的课外书，也静静地躺在书架上。

这天，小凯正要出去玩，在路上遇到了小伙伴果果。果果背着书包去参加书法训练班。小凯好奇地问："果果，暑假不是用来玩的吗？你怎么还去上课呀？"

果果笑着说："我可是有假期计划的哦。暑假这么长，不能光顾着玩。"

小凯惊讶地问："什么计划？"

果果拿出一个小本子，上面写着：

每天读20分钟英语故事。

每天做5道数学题。

用"费曼学习法"把今天学到的知识讲给妈妈听，巩固理解。

每周练习一次书法。

每天晚上看课外书。

和爸爸妈妈一起去旅行。

……

小凯看了，瞪大眼睛说："你安排得这么满呀，还有时间玩吗？"

果果笑了笑说："当然有啦，我每天都会留出两个小时和小伙伴们一起玩，劳逸结合嘛。而且按照计划来，我每天都知道自己要做什么，不会浪费时间，心里特别踏实。"

小凯羡慕地说："你的假期过得好有规划！不像我，时间全浪费在玩儿上了。"

果果拍拍他的肩膀："现在开始也不晚啊！你可以先制订一个简单的计划，按部就班去完成。"

回到家后，小凯认真思考了一下，决定改变自己的假期安排，但是到底要怎么计划才合理呢？他得好好地想一想。

阅读感悟

无论是假期还是日常学习，我们都不能毫无计划，虚度时光。制订计划能让我们合理分配时间。计划不需要太难，根据自己的实际情况制订即可，但需要严格执行，这样才能在假期结束时看到自己的成长。而且只要计划合理，学习和娱乐是可以兼顾的。

我的暑期计划

　　小凯明白了假期计划的重要性后，决定做自己的暑期计划，那他到底要怎么做呢？

 **学习妙招**

假期是自我提升与尽情放松的好时机，可要是没有规划，很容易就稀里糊涂地过去了。制订一个明确、合理的假期计划，能让假期充实又有意义。

1. 全面梳理，合理分类

我们可以将假期生活分为学习、兴趣培养、休闲娱乐等多个方面，做好合理的时间分配，才会过得充实而有意义。

2. 量化目标，设定时限

计划不能模糊笼统，要具体可衡量。以学习为例，不能只写"每天学习"，而是明确每天学习语文、数学、英语各多长时间，完成多少作业量。

3. 预留弹性，灵活调整

假期中难免有突发情况，所以计划要有一定弹性。比如每天留出一到两个小时的机动时间，这样既能保证计划的执行，又不会因意外打乱节奏，让假期计划更贴合实际。

学习小测试

假期到了，怎样做才能让你的学习和生活更有收获？请在方框里打"√"。

☐ 每天随心所欲，想到什么就做什么。

☐ 只学习，不玩耍，整天埋头做作业。

☐ 制订一个假期计划，把学习和娱乐安排得合理一些。

每天给自己一点小奖励

　　小艾是个对自己的学习有着高要求的学生。新学期一开始，她便暗下决心，一定要在期末考试中取得优异成绩。为了实现这个目标，小艾给自己制订了一份详细的学习计划，并严格按照计划表来学习。

　　刚开始，小艾还觉得充实，认真按照计划执行。每天一起床，小艾就拿出语文课本背诵古诗词，吃早餐的时间也听着英语。

　　到了学校，小艾更是争分夺秒。课间休息时，其他同学都在走廊上嬉笑玩耍，小艾却依旧坐在座位上，不是在复习上节课的知识点，就是在预习下节课要学的内容。完成学校作业后，她还主动做课外辅导资料上的习题，等终于完成所有学习任务，往往已经到了深夜。

　　这样高强度的学习持续了一段时间后，小艾疲惫不堪，学习的速度越来越慢，每天任务越堆越多，有时候甚至觉得有些抗拒，不想再看书了。

　　爸爸看到她这个样子，便说："你应该调整一下自己的学习计划，劳逸结合，还要给自己一些小奖励。"

　　小艾疑惑地问："奖励？可是我还没有考出好成绩呢。"

　　爸爸摇摇头："不是只有考试拿高分才值得奖励，

你完成了一天的学习计划，也应该给自己一点鼓励。这样你才会更有动力。"

　　小艾若有所思。爸爸接着说："你可以试着在完成学习任务后给自己一些小奖励。比如，背完20个单词，就可以看10分钟喜欢的动画片，或者做完数学题，就吃一块小点心。这样学习就不会那么枯燥，你也会更有干劲。"

　　小艾觉得爸爸说得很有道理。她决定调整自己的学习计划，让每次努力都有一点小小的回报。就这样，她开始期待学习任务的完成，因为完成后，就有一个小奖励在等着她。

阅读感悟

　　长时间高强度的学习容易让人产生倦怠，长时间紧绷只会让自己越来越累，适当放松反而能提升学习效率。所以学习计划不应太过严格，适当的奖励可以帮助我们更积极地完成任务，而不是让学习变成负担。

奖励机制

小艾调整了学习计划，加上了奖励机制，她的学习有什么变化呢？

学习并不是一件枯燥的事情，关键在于如何调整节奏，保持动力。具体该怎么做呢？

1. 设定奖励规则，形成正向反馈

想让奖励真正发挥作用，首先要明确学习任务和对应的奖励。当大脑习惯了"完成任务→获得奖励"的模式，就会形成正向反馈，学习的主动性也会增强。

2. 选择能增强学习动力的奖励

奖励不能让人上瘾或影响学习，比如玩手机就不适合作为奖励。可以选择听一首喜欢的歌、看看窗外放松一下，这样既能缓解疲劳，又不会让自己沉迷。

3. 合理安排奖励频率

奖励既不能过于频繁，让其失去激励意义；也不能间隔太久，导致动力难以持续。可以根据任务难度和所需时间，安排合理的奖励频率。

学习小测试

完成学习任务后，你想怎样奖励自己？请在方框里打"√"。

☐ 只要坐在书桌前开始写作业，就奖励自己吃一颗糖。

☐ 先玩一小时游戏，再开始学习，告诉自己学完就不再奖励了。

☐ 规定自己背完10个单词后，可以听一首喜欢的歌，然后继续学习。

这样才是有效预习？

语文课上，老师站在讲台前，笑着对大家说："同学们，明天我们要学习新的课文，大家要记得提前预习哦！"

小馨听了，点了点头，但心里却没太当回事，直到第二天快要上语文课了，她才赶紧翻开书，快速浏览了一遍课文，看到好几个不认识的字，也没去查字典，心想：反正老师上课会讲的。

上课了，老师微笑着站在讲台上，说道："今天我们来学习新课文。谁能用自己的话说一说这篇课文讲了什么？"

小馨低下头，心里有些忐忑。她刚才只是匆匆看了一遍，很多内容根本没记住，更别提总结课文了。这时，坐在前排的丽丽自信地举起了手，她流畅地讲出了大致内容，还说了自己预习时的思考。老师点点头，夸奖道："丽丽预习得很认真。"

下课后，小馨有些懊恼。她跑到丽丽身边，好奇地问："丽丽，你是怎么预习的？为什么你能把课文讲得那么清楚？"

丽丽笑了笑，反问道："那你是怎么预习的呢？"

小馨说："我就是随便翻了一下课文，看了几眼。"

丽丽听了，严肃地说："预习可不是随便看看，而是要带着问题去读。"

"带着问题？"小馨好奇地问。

"对啊，我在预习的时候，先看课后题，想一想课文可能会讲什么。然后，我会一边读一边画重点，把不懂的字词查一查，最后自己试着总结一下课文讲了什么。这样，上课时老师讲的内容就像是给我补充细节，而不是从零开始听。"丽丽认真地回答。

小馨恍然大悟："原来这样预习才有效啊！"

之后，小馨开始按照丽丽说的方法认真地预习。

阅读感悟

预习要讲方法，而不只是匆匆看一眼课文，要认真阅读、理解内容，如果遇到不懂的地方，先思考或查资料，上课时再听老师讲解，就能更快理解。这样做能帮我们更好地理解知识，学习也更积极主动。以后学习，大家都要重视预习，用对方法，学习效率肯定能提高，学习也会更轻松。

认真预习

经历了课堂上的窘迫后，小馨决定向丽丽认真学习怎么预习……

 学习妙招

　　预习不是简单地翻一翻书，而是给大脑提前铺路。如果掌握了正确的预习方法，上课时就能快速理解重点。

　　1. 带着问题读课文

　　预习时先看课后问题，猜测文章大意，再快速浏览内容。读的过程中，要带着问题思考，并在旁边做上标记，这样上课时就能有针对性地听讲。

　　2. 画重点、做标记

　　预习时可以用不同颜色的笔标记关键词，比如标出课文的自然段、生字、词语、重点句子。还可以在书上写下自己的疑问，或者用笔记本整理预习笔记，把文章的主要内容简单总结出来。

　　3. 试着复述内容

　　预习完之后，不妨合上书，试着用自己的话讲一遍课文的大概内容。如果讲不出来，就要重新读一读重点部分。这样不仅能提高理解能力，还能在上课时更有信心。

学习小测试

　　明天要学习一篇新的课文，你会用以下哪种方法预习呢？请在方框里打"√"。

☐ 把课文从头到尾读一遍。

☐ 先通读课文，画出重点和不懂的地方，并做简单的笔记。

☐ 直接看课后练习题，不读课文内容。

复习上一节课的知识

放学后，教室里的人渐渐少了，小欣一边收拾书包，一边想着回家后要先玩一会儿再写作业。正当他准备拉上书包拉链时，发现同桌糖糖还坐在座位上翻着课本，时不时在笔记本上写着什么。他凑近一看，发现糖糖正在看今天学过的内容。

"糖糖，明天都要上新课了，你怎么还在看今天的内容？"小欣疑惑地问。

糖糖头也不抬，继续在笔记本上写写画画，说道："我在预习明天要学的新课啊，顺便复习今天的学习内容。"

小欣更不理解了："那不是多此一举吗？明天老师不是还要讲一遍吗？你直接听课不就行了？"

糖糖合上书本，认真解释道："新知识和旧知识就像链条一样，是一环扣一环的。老师明天要讲的新知识，很可能会用到今天学的内容。比如说，今天我们学了两位数乘一位数，明天可能就会学习两位数乘两位数，这两者之间是有联系的。如果我现在把今天学的乘法方法复习好，理解透彻，把明天学习的新内容预习好，明天上课的时候，就能更快地跟上老师的节奏。"

小欣一听，若有所思。他想起今天数学课上，老师刚开始讲两位数乘法时，他就有点蒙，看到别人唰唰地在练习册上写答案，自己却还在思考最基本的计算方法，完全跟不上节奏。

他恍然大悟："难怪我有时候听课感觉云里雾里的，原来是因为我没搞懂前面的内容！"

糖糖点点头："对啊，如果提前复习一下上一节课的内容，遇到不懂的地方就弄明白，这样学习新的课程时就不会卡住了。"

小欣挠了挠头，说道："我还以为学过了就不用管了呢。那我也试试。"

于是，小欣也拿出课本，和糖糖一起复习起上节课的数学知识。

阅读感悟

学习是一个连贯的过程，不能学了新的就丢了旧的。每天花点时间回顾上一节课的内容，不仅能让新知识学习更快，还能让我们的记忆更加牢固。在未来的学习中，我们要像糖糖一样，重视每一次复习，主动建立新旧知识的联系，这样才能提升学习效果。

为了预习而复习

小欣以前预习的时候从不复习上一节课的内容，但这次，他决定试一试……

学习妙招

在学习新知识时，如果不熟悉前面的知识，就会学得很吃力。复习可以帮助我们回忆、巩固旧知识，让新知识的学习更轻松、更高效。

1. 及时回顾，强化记忆

课后要尽快抽出时间，对当天所学内容进行回顾，在脑海中重现课堂上老师讲解的重点、自己的疑惑点，可以对照课本、笔记，逐点梳理，将模糊的地方重新搞清楚。

2. 巧用讲解，加深理解

把学过的知识讲给别人听是非常有效的复习方法，这会促使我们深入思考知识的内在逻辑。讲不明白的地方就是知识的薄弱点，要重点复习。

3. 做几道题，加深印象

光看书还不够，适当做几道练习题，能帮助你发现自己是否真的理解了上一节课的内容。这样，在预习新知识时，就不会因为旧知识的漏洞而影响理解了。

学习小测试

当你在预习新课时发现看不懂，你会怎么做？请在方框里打"√"。

☐ 复习上一节课的相关知识，看看是否有帮助。

☐ 直接背下来，不用管意思。

☐ 先不管它，等老师讲了再说。

听课也有好方法

数学课上，老师正在讲解长方体的体积计算，黑板上有图，还有公式运算，小希看着看着就迷茫了：这是什么意思呢？为什么要这么算？他努力想要跟上老师的思路，但还是不明白。

接下来是课堂练习环节，老师在黑板上出了几道题目，让同学们在练习本上计算。小希看着题目，眉头紧皱，他尝试着按照老师讲的方法去做，可算出来的结果全错了。

下课后，小希望着自己练习本上的错题，叹了口气。同桌小颖注意到了小希的失落，主动过来问："小希，是不是上课没听懂呀？"

小希点点头："对啊，老师刚开始讲的时候，我觉得好像能听懂一点，但越讲越复杂，我就跟不上了，结果练习的时候就做不出来了。"

小颖笑了笑，说："其实，听课也是有方法的。"

小希立刻来了精神："什么方法？快告诉我！"

小颖说："老师讲解的时候，不要光听，要试着自己在脑子里跟着计算。你刚才有没有在老师讲的时候，自己默默地算一遍？"

小希愣了一下，挠挠头："好像没有，我一直在等老师讲完，结果讲完了才发现自己什么都没记住。"

　　小颖继续说："听课的时候，如果某个地方不明白，要立刻在书上做个小记号，下课后赶紧问老师或者同学，不能等到写作业的时候才发现不会做，那就晚啦。"

　　小希恍然大悟："原来是这样。"

　　"对呀！"小颖笑着说，"所以上课的时候不是光用耳朵听，还要用眼睛看、用脑子想、动笔写！"

　　小希连忙说："小颖，太谢谢你了，我下次上课一定试试你的方法。"

阅读感悟

　　上课听不懂，问题可能出在"听"的方式上，如果只是被动听讲，容易走神，正确的方式应该是边听边思考，试着自己总结老师的讲解。如果还是有不明白的地方，及时做标记，下课后再去问老师或者同学。

听课的小技巧

上课听不懂，作业也不会做？其实，听课也是有技巧的……

学习妙招

在学习的道路上，像小希这样上课听不懂难题的同学不在少数。不过别担心，只要掌握正确的方法，难题便能迎刃而解。

1. 做好课前预习

上课前要充分预习，这样上课时就知道重点听什么，更容易跟上老师的节奏，理解新知识。

2. 听课时抓住重点

别只是盯着黑板发呆，要关注老师讲解的核心内容，尤其是老师重复强调的部分。听课时可以用符号标注重点，课后再查阅或问老师。

3. 及时记笔记

光听不记，课后很快就会忘记。在老师讲解时，记下关键的概念、例题步骤和解题方法。可以用简短的关键词或思维导图来帮助自己整理知识。

学习小测试

当你上课时没听懂，课后最好的做法是什么？请在方框里打"√"。

☐ 不管它，反正以后也不一定考。

☐ 请教老师或同学。

☐ 等写作业的时候遇到难题再去查答案。

如何做笔记才最有效？

语文课上，老师在黑板上写下课文的重点字词和意思，还一边朗读，一边分析文章的写作手法，黑板上写得满满当当。

文文飞快地抄写黑板上的内容，并一字不漏。老师讲解时，他根本没来得及抬头听，因为他还在拼命赶笔记。直到下课铃声响起，他才茫然地想：刚才老师讲了什么？

文文看着自己手中的笔记本，上面的内容又多又杂乱，根本看不清重点。旁边的莉莉已经开始动笔写课后作业了。文文凑过去看她的笔记，发现她的笔记又整洁又清楚，他惊讶地问："你的笔记怎么跟黑板上老师写的不一样？"

莉莉笑了笑："因为我不是在抄板书，而是在整理知识呀。"

文文虚心向莉莉请教。莉莉说："记笔记可不是把老师写的所有内容都照抄下来，而是要有重点地记录。比如老师在课堂上反复强调的内容，说容易出错、以后会考等内容，这些就要记录下来。这样既能跟上老师的讲课节奏，又能真正掌握知识。"

"还有，"莉莉继续说道，"老师分析课文或者讲解阅读理解的答题技巧时，不要急着抄老师给出的答案，而是要先专注倾听老师的解题思路。等老师讲完，再用自己的话把这个思路简要记录下来。这样一来，复习时看到笔记，就能回想起老师的分析过程，以后遇到类似的题目，就知道怎么做啦。"

文文听完，感慨道："原来记笔记有这么多讲究，怪不得我以前记了那么多，学习效果却不好。"

之后上课，文文不再盲目抄写，而是先全神贯注地听讲，深入理解老师讲解的内容，然后有针对性地记录重点内容。这种方法让他上课轻松多了，还能跟上老师的节奏。

阅读感悟

如果上课只顾低头抄写，反而会错过老师的讲解，导致复习时依然看不懂。有效地记笔记能帮助我们厘清思路、抓住重点，笔记应该简洁、有层次，并有助于我们回忆和理解知识。只有掌握正确记笔记的方法才能真正提高学习效率。

课堂笔记

在莉莉的帮助下，文文掌握了有效记笔记的方法……

学习妙招

课堂笔记是帮助我们理解和记忆知识的工具。有效记笔记能让复习事半功倍，让学习变得更轻松。那么，怎样才能让笔记更有用呢？

1. 聚焦重点，精准记录

课堂上老师讲解的内容繁多，我们要识别重点。像老师反复强调的知识点、写在黑板上的核心公式、课本中加粗的概念等，都是需要记录的关键。

2. 巧用符号，高效标注

为了让笔记简洁明了、层次分明，可运用各种符号和缩写来辅助记录。这样能让笔记更直观，便于复习时快速区分和理解。

3. 课后整理，完善补充

课后及时整理笔记，能进一步巩固知识。对照课本和课堂记忆，补充课堂上因时间紧迫没来得及记录的内容，修正记录错误之处。

学习小测试

上课做笔记时，哪种方法最有效？请在方框里打"√"。

☐ 只在书上画重点，不写任何笔记。

☐ 把老师写在黑板上的内容一字不落地全部抄下来。

☐ 先认真听讲，用关键词记录重点内容。

错误其实是最好的老师

　　小海对待学习认真又努力，可每次临近考试，他就十分焦虑，害怕考试的时候做错题。每次考试发卷子的时候，他都会紧张得手心冒汗，生怕自己算错、写错。

　　这天，数学老师在课堂上发下了上周的单元测试卷，小海拿到试卷后，小心翼翼地翻开，看见自己的分数，顿时心里一沉。他仔细一看，发现自己错了好几道题，其中有些是因为马虎，有些是因为自己没掌握知识点。他有些沮丧，心想：如果我复习得再仔细一点，是不是就不会错了？

　　朵朵拿着试卷，正认真地在错题旁边做笔记，还在草稿纸上重新演算。小海好奇地问："朵朵，你怎么还在写这些考过的题目呢？我都不想再看这些错题了。"

　　朵朵笑了笑说："老师说过，错误是最好的老师，每一道错题都是一个提醒，帮我们发现自己不会的地方。如果现在不弄懂，下次可能还会错。"

　　小海听了，若有所思地看着自己的试卷。朵朵又指着自己的错题本，说："我每次考试后都会整理错题，找出自己为什么错了，然后再做一遍类似的题目，这样下次遇到类似的题目就不会再错了。"

　　小海试着像朵朵一样，对错题一一进行分析，把不会的内容重新梳理一遍，之后再做一遍这些错了的题目。在做完这些之后，他发现原来不理解的地方变得清晰了。

　　之后写作业，小海不再盲目地赶进度，而是格外留意那些曾让他出错的题型。遇到类似题目，他会放慢速度，在脑海中回顾错题本上的解题思路，仔细分析题目条件，一步步推导解答。以前频繁出错的题目，如今准确率大幅提升，作业本上的红钩越来越多。他高兴地跟朵朵说："你说得对，错误真的是最好的老师！"

阅读感悟

　　在学习的过程中，我们难免会犯错，但重要的是，我们要学会从错误中吸取教训，而不是害怕犯错。每一个错误都是一个提醒，能让我们知道自己的薄弱点在哪里，该怎样去改正。只要我们勇敢面对，把错误当成老师，我们就能学得更好，越来越优秀。

打败错题

考试做错题并不可怕，可怕的是不去改正。这次，小海决定要打败错题……

学习妙招

在学习的过程中，很多同学害怕做错题，觉得错了就是自己不够聪明。其实，犯错恰恰是最好的学习机会，只要用对方法，我们不仅不会再犯同样的错误，还能把知识记得更牢固。

1.认真分析错误原因

做错题时，先别着急改答案，而是找到错误的原因，把错误分类，这样才能对症下药，避免下次再犯。

2.使用错题本，整理错题思路

把自己经常出错的题目记录下来，并写出正确的解法，还可以用自己的话总结解题思路。这样，下次遇到类似的题目，就能迅速回忆起正确的解题方法。

3.强化同类练习，巩固学习成果

针对每道错题，找到与之相似的题目进行强化训练。通过反复练习，加深对知识点的理解和运用。

学习小测试

如果你在某些题目上反复出错，会怎样做呢？请在方框里打"√"。

☐ 看正确答案，下次小心点就好。

☐ 认真分析错题，再找几道类似的题目练习。

☐ 把错题抄一遍，记住正确答案。

数学课上的"小老师"

小蕾一直觉得数学很难，特别是应用题，每次看到都不知道该怎么解。数学课上，老师讲解题目时，其他同学都听得很认真，只有她越听越迷糊。为了不让自己出丑，她连问题都不敢问，时间久了，她越来越害怕上数学课，甚至一提到数学就头疼。

有一天，数学老师布置了一道比较难的思考题，让大家回家后试着解解看。回家后，小蕾坐在书桌前望着题目发呆，她试着按照例题的方法解题，可是怎么都做不出来。正当她准备放弃时，爸爸走了过来。爸爸看着作业本上的题目说："这道题很有趣哦，你可以试着把题目讲出来。"

小蕾皱着眉头说道："可是我都看不懂，怎么讲呢？"

爸爸笑着说："你可以先看看里面有哪些关键的数字和信息，然后把你知道的部分讲出来，说不定你讲着讲着就想明白了。"

小蕾半信半疑地试了一下。她先读了一遍题目，然后试着用自己的话复述出来。当她把条件和问题分别说清楚后，突然发现这道题似乎没那么复杂了。她继续思考，尝试着把解题步骤一步一步说清楚。虽然过程并不顺利，但每一次遇到问题，爸爸都会及时引导她，帮助她纠正错误。渐渐地，小蕾讲得越来越流畅，思路也越来越清晰，最终成功地解出了那道题。

第二天上课时，老师问大家谁愿意讲解这道题，小蕾鼓起勇气举起了手。她站在黑板前，按照昨天自己讲给爸爸的方式，把解题步骤讲给全班同学听。当她讲完后，老师微笑着点头："小蕾讲解得很好，思路也很清晰。"

小蕾心里充满了成就感。这是她第一次觉得数学没那么可怕。从那以后，她经常在课后跟同学们讨论题目，甚至主动帮别人讲解。慢慢地，她发现数学变得越来越有趣了。

阅读感悟

很多时候，我们觉得数学难，往往是因为没有真正理解它。如果只是被动听老师讲，可能会一知半解，但如果能用自己的话讲出来，就说明我们真正掌握了。像小蕾一样，试着把题目讲给别人听，或者在脑海里模拟讲解，这样不仅能巩固知识，还能增强自信。

数学真有趣

　　小蕾曾经害怕数学，但当她在课堂上讲解了数学题目后，就对数学产生了浓厚的兴趣……

学习妙招

在学习过程中，可以通过教别人来巩固自己的理解。当你成为"小老师"，讲解给别人听的过程，就能帮助自己加深记忆。

1. 全面梳理知识，打造知识框架

想要给他人清晰讲解知识，自己首先得对知识体系了如指掌。每学完一个章节或一个知识板块后，要静下心来，把所学内容进行系统梳理。

2. 多用自己的话总结知识点

当你学习一个新知识点时，试着用自己的话总结书上的内容并讲解出来。这不仅能帮助自己理解，还能帮助自己发现不明白的内容。

3. 善于自我反思，持续改进提升

回顾讲解过程，思考哪些地方别人理解起来有困难，是讲解逻辑有问题，还是例子不够恰当。积极收集同学的反馈，优化讲解思路，争取下一次做得更出色。

学习小测试

当你想帮助别人理解一道题目时，最好的方法是什么？请在方框里打"√"。

☐ 用简单的语言解释每个步骤，并举例说明。

☐ 直接告诉别人答案。

☐ 让别人把解题步骤背下来。

教妹妹学英语

一直以来，浩浩的英语成绩不上不下，对英语学习也提不起太多兴趣。有一天，刚上一年级的妹妹妮妮对英语表现出了浓厚的兴趣，缠着浩浩让他教她学英语。

浩浩有些为难，自己的英语水平也没多出色，能教好妹妹吗？但看着妮妮那充满期待的眼神，浩浩决定硬着头皮试试。他先翻开英语课本，认真看了单词的发音和拼写，再回忆着课堂上老师的讲解，努力在脑海中梳理清楚。

准备好后，浩浩开始教妮妮。他指着"cat"这个单词，对妮妮说："读这个单词的时候，嘴巴要张大一点。"妮妮学得有模有样，跟着浩浩反复念着。

就这样，每天晚上，浩浩都会陪妮妮练习，遇到妮妮不理解或者发音不准确的地方，浩浩会不断思考如何用更简单的方式解释。慢慢地，他发现自己对这些单词的记忆比以前深刻了许多，甚至在和妮妮的日常交流中，也能自然地冒出英语单词。

为了让妮妮更好地学英语，浩浩开始给她编小故事："从前有一只小猫（cat）和一只小狗（dog），它们是最好的朋友……"妮妮听得津津有味，边听边跟着浩浩复述单词。

不仅如此，浩浩还带着妮妮做小游戏，他们轮流用学过的单词造句："I see a cat。""The cat is playing with a dog。"妮妮越学越开心。

　　一段时间后，浩浩惊喜地发现，自己的英语成绩竟然提高了很多，英语老师还单独夸奖了他呢。

　　回家后，浩浩高兴地对妮妮说："为了教你，我的英语也进步了。"

　　妮妮歪着脑袋笑着说："那以后我要问你更多问题了！"

　　浩浩自信地拍着胸脯说："没问题，我们一起进步。"

阅读感悟

　　教是最好的学习方式。浩浩在教妹妹的过程中，不仅帮助了她，也加深了自己对知识的理解。所以，当我们学习新知识时，不妨试着去教别人，这样不仅能帮助他人，也能让自己学得更扎实！

成绩提高的秘密

浩浩在教妹妹妮妮学英语的过程中，自己的英语成绩显著提高……

学习妙招

当我们尝试教别人新知识时，其实也是在给自己创造一个深化理解、强化记忆的时机。

1. 深度钻研知识，做到心中有数

在教之前，自己必须对要传授的知识烂熟于心。全面梳理知识点，不仅要了解表面内容，更要深挖背后的原理、逻辑关系。

2. 巧用多种方法，让知识通俗易懂

根据不同类型的知识和学习者的特点，灵活选用教学方法。对于抽象概念，可采用比喻、类比的方式，将其转化为生活中常见的事物，便于理解。

3. 注重互动反馈，及时调整教学

教学不是单向输出，要时刻关注学习者的反应。多提问，鼓励对方表达疑惑，通过他们的回答和表情，判断其是否理解了所讲内容。如果对方面露困惑，要及时换一种方式重新讲解，确保知识点都被消化。

学习小测试

如果你想把刚学到的知识讲给弟弟妹妹听，会选择下面哪种方法？请在方框里打"√"。

☐ 直接把课本上的内容背出来。

☐ 用简单的语言和生活中的例子，把知识讲清楚。

☐ 让弟弟妹妹自己看书学习。

和朋友们一起复习

小静趴在书桌前，翻着课本，眼睛里透着一丝疲惫。她翻开语文书，盯着那些古诗词，可看到下一行，就又忘了前面看的内容。"复习好无聊啊！"她叹了口气，放下语文书，又拿起数学练习册。她随便翻到一道应用题，盯着看了一会儿，试着动笔解题，可写到一半又卡住了。她烦躁地扔下笔："明明我已经学过了，还要再看、再写一遍，太没意思了。"

妈妈听到了她的抱怨，走过来笑着说："那你可以换个方法试试啊，比如和朋友们一起复习，互相问问题，说不定会有不一样的收获呢！"

小静歪着头想了想，觉得这个主意不错。于是，她拿起手机，给好朋友安安和晨晨发消息："要不要来我家一起复习？我们可以互相出题，看谁答得多！"很快，安安和晨晨就来到了小静家。

小静拿出糖果，对朋友们说："我们来玩个游戏吧！互相出题，答对了得一颗糖。"

这个主意引起了两人的兴趣，安安立刻响应："好啊！好啊！我先来出题。'春风又绿江南岸'中的'绿'是什么意思？"

小静立马抢着回答："是绿色的意思！"

安安笑着摇摇头："错啦！这里的'绿'是'吹绿'的意思。"她拿起课本，认真地解释了这个词的用法。小静一拍脑袋："原来是这样，我记住了！"

接着，小静让大家玩起了猜单词的游戏。复习数学时，晨晨当起了小老师。大家你一题我一题，不知不觉间，复习变成了一场有趣的知识游戏，在欢声笑语中，小静不但记住了更多知识，还把以前模糊的知识点都搞清楚了。

复习结束后，小静感慨地说："原来复习可以这么有趣！以后我要多和你们一起学习。"

阅读感悟

觉得学习枯燥并不是知识本身的问题，而是学习方法出了问题。小静一开始觉得复习无聊，是因为她只是机械地看书，没有真正让知识在脑海里"活"起来。但当她和朋友们互相出题、讨论时，知识变得更生动，也更容易被记住啦。

复习也能很有趣

　　小静觉得复习枯燥无聊，她邀请了好朋友来一起复习，这一次，小静的复习变得不一样了……

 学习妙招

和朋友们一起复习，不仅可以互相督促，还能用有趣的方式巩固知识。当你把知识讲给别人听，或者听朋友的讲解时，你的理解会更加深刻，记忆也会更加牢固。

1.提前规划，明确目标

在和朋友们开始复习之前，先梳理要复习的科目和知识点，按照重要程度和难易程度进行排序，做到有条不紊，避免盲目复习。

2.多样互动，激发思维

复习过程中，丰富多样的互动方式能极大提升复习效果。大家可以开展知识问答竞赛，每人轮流出题，涵盖各个科目，让大家在紧张刺激的氛围中巩固知识。

3.错题改编，巩固易错点

大家可以把自己曾经做错的题目整理出来，改编成新的题目，让朋友来挑战。这样不仅能让自己再次回顾错题，还能帮助朋友避免同样的错误，提高复习效率。

学习小测试

你和朋友们一起复习数学，下面哪种方法最能加深记忆呢？请在方框里打"√"。

☐ 轮流当"小老师"，互相讲解知识点，并回答对方的问题。

☐ 自己做自己的练习题，做完后对答案。

☐ 让成绩最好的朋友把知识点读一遍，大家边听边记笔记。

谁是小小讲解员？

淘淘一直觉得在学校学到的知识就是为了应付考试。每次背课文、记历史事件、学科学知识，他总是觉得枯燥无味，学完就忘，考试前还要临时抱佛脚。

一天，学校要组织博物馆参观活动，老师宣布："这次我们挑选了几位'小小讲解员'，给大家介绍博物馆里的展品！"被选中的同学纷纷议论起来，而淘淘却有些胆怯，他可不擅长在大家面前说话，更别提讲解知识了。

回家后，淘淘把这个消息告诉了妈妈，妈妈鼓励淘淘说："你可以的！讲解这个过程可以让你把知识记得更牢！"听了妈妈的话，淘淘决定好好准备。他打开讲解资料，发现自己需要介绍的是"古代天文仪器"。

他开始阅读和背诵资料，可背着背着，他发现自己根本记不住那么多内容。于是，他换了个方法，先理解这些仪器是做什么的，再用自己的话讲给妈妈听。"浑天仪是一个能旋转的大圆圈，它能帮助古人观测天文现象……"

妈妈听后点点头："嗯，讲得不错！但如果加上一个生动的比喻，比如'浑天仪就像古人的望远镜'，大家会更容易理解。"

淘淘恍然大悟，他又去研究了一些有趣的细节，比如古人如何用这些仪器测时间、如何观察天象等等。他把这些内容再次讲给妈妈听，就这样反复讲解几次后，他不仅记住了所有内容，还能流畅地表达出来，甚至觉得原来看书学知识也可以这么有趣！

到了参观博物馆的那一天，淘淘从浑天仪的外观结构说起，讲到它如何帮助古人观测天象，又穿插了古代天文学家的故事，还不时与同学们互动提问，吸引了许多人的注意。讲完后，大家纷纷称赞："淘淘，你讲得真清楚，我们都听懂了！"

活动结束后，淘淘高兴地跟妈妈分享自己的收获，他期待着下一次还能有机会，把更多有趣的知识分享给大家。

阅读感悟

通过这次担任"小小讲解员"的经历，淘淘彻底改变了对学习的看法。他不再觉得学习只是为了考试，而是发现了知识背后的乐趣和价值。每一次讲解都是一次探索，每一个问题的解答都是一次成长。

讲解的魅力

淘淘原本不擅长表达，但通过讲解知识，他不仅记得更牢，还收获了成就感和自信。

学习妙招

学习知识不仅是记住，更重要的是理解和表达。当你能把知识讲给别人听，你会发现自己记得更牢，理解更深刻了。

1.提前准备，自己先学懂

在讲解前，先确保自己理解透彻。你可以用自己的话总结知识点，画思维导图，或者查找更多资料做补充，做到心里有底。

2.生动表达，让别人听懂

讲解时，可以用简单的语言、比喻或者故事，把复杂的知识变得通俗易懂。如果能加上一些手势、表情或者图示，效果会更好。

3.接受提问，查漏补缺

讲完后，欢迎别人提问。遇到不会的问题，不要慌，回去查资料，整理后再讲解，这样可以让自己学得更扎实。

学习小测试

你要给同学们讲解学校的植物角，下面哪种做法最合适？请在方框里打"√"。

☐ 把植物的名字和介绍卡片上的内容大声读一遍。

☐ 让大家自己观察，要是有问题再来问。

☐ 先查找这些植物的资料，再用自己的语言总结归纳，讲解过程中和同学们充分互动。

课堂讨论，分享学习心得

  亮亮所在的班级每周都会有一次课堂讨论活动。课堂讨论活动就是大家围坐在一起，分享学习心得，交流学习中遇到的问题。亮亮是个有些内向的小男孩，平时在课堂上也不太主动发言，总觉得自己掌握的知识不够扎实，害怕说错了被大家笑话。所以，每次讨论的时候，当同学们积极发言，讲解自己的思考方法时，他却总是坐在角落里默默听着。

  这一天的课堂讨论，老师提出一个问题："这儿有一道数学题，如果要你来教别人，你会怎么讲？"同学们纷纷举手，争先恐后地表达自己的想法。萱萱用画图的方式讲解，涛涛用生活中的例子解释……每个人的思路都不一样，讨论变得热烈起来。

  老师看着沉默的亮亮，微笑着说："亮亮，你来试试吧。"亮亮顿时有些紧张，心跳加快，手心里微微出汗。可他看到老师鼓励的目光，又想起刚才同学们讨论时的样子，心里暗暗给自己打气。

  他深吸一口气，开始讲解。刚开始，他有点结巴，说得不太流畅，但当他看到同学们认真听他讲时，心里的紧张感一点点消失了。他越讲越顺，甚至还加上了自己总结的小技巧。同学们听完后纷纷点头，萱萱还对他说："你讲得很清楚啊，和刚才我们的思路不一样，但很好懂！"

讨论结束后，亮亮的心里轻松了许多，他发现，其实大家并不会嘲笑谁讲错了，反而是在相互学习，能帮自己厘清知识点。

从那天起，亮亮不再害怕表达，慢慢地，他变得越来越自信，每次课堂讨论时，他都参与其中，跟同学们分享自己的学习心得，也从同学们身上学到了很多方法。

阅读感悟

在课堂讨论中，我们常常害怕自己讲错，但其实，把知识讲出来，不仅能帮助别人，也能让自己学得更扎实。亮亮从害怕发言到勇敢表达，他发现了学习的另一种方式，即通过分享，促进自己的成长。

亮亮的变化

　　课堂讨论是提升学习效果的一种好方法。亮亮原本不太敢发言，但这次，他在和同学们的交流中，发现了讨论的乐趣，也学到了更多新知识。

 学习妙招

　　课堂讨论不仅能帮助我们加深理解，还能让我们产生新的思考。有时候，自己不太明白的知识点，通过和同学们交流，反而变得清晰了。

　　1. 提前准备，带着问题讨论

　　讨论前先复习相关内容，找到自己不理解的地方，带着问题去讨论。这样在讨论时更有针对性，也更容易找到答案。

　　2. 大胆表达，清楚讲解

　　不要害怕说错，勇敢表达自己的观点。试着用自己的话把知识点讲出来，会越讲越清楚，别人也能帮你补充和纠正。

　　3. 互相启发，学会倾听

　　好的讨论不是"我说你听"，而是互相交流。多听听同学的想法，说不定能学到新的解题思路或更有趣的学习方法。

学习小测试

　　在课堂讨论中，如果你不太明白某个知识点会怎么做？请在方框里打"√"。

☐ 保持安静，等同学们讲解完再自己慢慢理解。

☐ 勇敢提问，把不懂的地方说出来，和同学们一起讨论。

☐ 假装自己懂了，不想让别人觉得自己不会。

我怎么忘得这么快？

瑶瑶坐在书桌前看着练习册上的题目，眉头紧皱，前几天刚学过这个知识点，可现在怎么也想不起来该怎么解题了。

"怎么回事？明明上课时听懂了啊！"她小声嘀咕着，试着回忆老师讲课的内容，但脑子里一点印象都没有。瑶瑶越想越着急，她拿起笔，想要自己推导答案，可写到一半又卡住了。这一刻，瑶瑶彻底泄了气，她把笔一扔，趴在桌上叹了口气。

这时妈妈走了过来，看到她愁眉苦脸的样子，问道："怎么了？遇到不会的题了吗？"

瑶瑶说："不是不会，是忘了！前几天才学的，今天就记不住了。"

妈妈微笑着摸了摸她的头，说："别担心，忘记是正常的。"

瑶瑶疑惑地抬起头："真的吗？可我觉得自己记性太差了。"

妈妈点点头："当然是真的！人学到新知识后，如果不去复习，就会慢慢忘掉，这是一种自然现象，叫'遗忘规律'。"

"遗忘规律？"瑶瑶睁大眼睛，"那是不是我再怎么努力也会忘？"

"不是的。"妈妈拿起一本书，翻到一页空白的地方，指着上面说："刚学完的时候，你对知识的印象很深刻，但如果不复习，它就会像写在沙子上的字一样，过一会儿就被风吹走了。"

"那怎么办？"瑶瑶皱着眉。

"只要在遗忘之前及时复习，就能把知识牢牢记住。"妈妈在纸上画了一条波浪线，"比如，你今天学的内容，明天复习一遍，三天后再复习一次，一个星期后再看一遍，就能记得更久。"

瑶瑶恍然大悟："原来要这样做啊！"

"对，这叫间隔复习。每次复习的间隔时间拉长，你就会记得越来越牢。"

瑶瑶听了妈妈的话，赶紧翻开笔记，把当天学的内容整理了一遍，还在旁边写上复习的日期。

阅读感悟

遗忘是正常的，因为我们学到的知识需要复习巩固。间隔复习能把知识记得更牢，短时间内要把刚学完的知识复习一次，之后每隔几天再复习，才能真正掌握。

利用遗忘规律来复习

自从听妈妈说过遗忘规律后，瑶瑶试着按照间隔复习法复习，她的记忆力会有改善吗？

 学习妙招

在学习过程中，"我怎么忘得这么快"是不少同学的心声。其实，只要掌握科学方法，就能有效对抗遗忘。

1.抓住黄金复习时间

学习后，最好在24小时内进行第一次复习，这时候及时巩固能增强记忆效果。之后按照间隔时间复习，比如3天、1周、1个月，这样就会记得越来越牢。

2.复习时主动回忆

不是简单地看一遍，而是试着回忆和自测，比如盖住书本自己讲一遍，或者用草稿纸写出关键点。如果一时想不起来，就翻书查找，这样比被动看书更有效！

3.变换方式，多角度复习

可以用画思维导图、做练习题、跟朋友讲解、角色扮演等不同方法复习。同样的知识，用不同方式复习，记忆会更深刻，也不会觉得枯燥。

学习小测试

你刚学完一篇古诗，为了防止很快忘记应该怎么做？在方框里打"√"。

☐ 等过几天老师要检查背诵了，再开始复习。

☐ 把古诗抄写一遍。

☐ 学完后马上大声朗读几遍，之后间隔不同时间多次复习。

每周一次的知识大复习

俊俊在学习上比较随性，平常上课，老师讲的知识他都能听懂，可下了课就把学习抛到脑后，根本不复习。只有快考试的时候，他才着急起来，拼命翻书复习，但效果时好时坏，搞得他心里很没底。

这天，期中考试成绩出来了，俊俊又考得不太理想。他看了看好朋友小鹏的试卷，小鹏的成绩依旧很稳定。俊俊有些郁闷，他忍不住问小鹏："你是不是有什么秘密学习方法？为什么你的成绩总是这么稳定？"

小鹏笑了笑说："其实也没什么特别的，就是我每周都会进行一次大复习。"

"每周复习？"俊俊有点惊讶，"可是我们每天都有新的课要上，哪里有时间复习以前的东西啊？"

小鹏点点头："其实并不需要花很多时间，我的方法很简单。每周固定安排一个时间，比如周日下午，用两个小时，把这一周学过的重点知识梳理一遍，看看哪里还不熟悉，再巩固一下。"

俊俊听后若有所思，但还是有点疑惑："有些知识学的时候感觉懂了，但考试的时候就忘了。明明以前做过的题，过一段时间再做，又想不起来解题思路了，这是怎么回事？"

小鹏笑着说："那就说明你还没有真正掌握，所以复习不能只是看看课本，还要自己讲一遍、做几道题或者画个思维导图。当你能流畅地讲出来，或者把知识点整理清楚，那才是真的记住了。"

听了小鹏的方法，俊俊决定试试看。之后，他每周都会留出时间进行一次大复习。刚开始他觉得有点麻烦，但坚持了一段时间后，他发现学过的知识记得越来越牢，考试的时候也不再慌张了。看来每周一次的知识大复习果然有用。

阅读感悟

如果不复习学过的知识，就会很快忘记。像俊俊一样，等到考试前才紧急复习，效果往往不太好。通过每周一次的知识大复习，可以让我们不断巩固知识，把学过的内容变成真正掌握的知识。

复习大作战

俊俊听闻小鹏分享的每周知识大复习的方法后，便决心改变自己的学习方式……

 学习妙招

　　学过的知识如果不及时复习，就像过眼云烟，很快就会在我们大脑里消失。每周进行一次大复习，可以帮我们把零散的知识串联起来，查漏补缺。

　　1. 整理笔记，构建知识框架

　　一周学习的内容可能很多，第一步就是回顾课堂笔记，把重要知识点整理出来，归纳成思维导图或列表，这样更清晰、更有条理。

　　2. 自己讲解，把知识讲出来

　　单纯看书容易走神，最好的办法是试着讲给自己或者别人听，这样能发现自己哪里还理解得不够。

　　3. 结合练习，查漏补缺

　　讲完后，再做几道相关的练习题，看看自己有没有真正掌握。如果发现做错的地方，就查找笔记或翻看书本，弄清楚错误的原因，让知识更牢固。

学习小测试

　　如果你想在每周知识大复习时提高效率，应该怎么做？请在方框里打"√"。

☐ 按照制订好的复习计划，每天专注复习特定学科的知识点。

☐ 随意翻开课本，看到哪儿复习哪儿，没有固定顺序。

☐ 只复习自己觉得有趣的科目，不喜欢的科目就跳过。

同学互助，学习更有趣

最近，小雅觉得学习变得越来越难，每天老师讲的知识点那么多，自己在课堂上听得很认真，也做了笔记，明明觉得知识点都懂，可就是不知道怎么运用到题目中，成绩也总是不太理想。

"这到底是重点，还是次要的内容？"她皱着眉头翻看着笔记，发现有些地方虽然抄下来了，但自己并不能完全理解。

这天，小雅闷闷不乐地趴在桌子上，盯着自己的试卷发呆。她刚刚做了一套练习题，发现自己一错再错，尤其是应用题，总是搞不清楚该用哪个公式，步骤也容易出错。

"哎，明明听懂了，为什么一做题就不行？"她低声嘀咕，心里越来越烦躁。

就在这时，同学小睿也叹了口气："小雅，你复习的时候有没有觉得，知识点明明学过，可一旦要回忆，脑子一片空白？"

小雅愣了一下，忙点点头："我也是，做题的时候总要翻开书看看才会做。"

小睿苦笑了一下："我做题的时候，经常觉得这些知识好熟悉，好像学过，可一时又想不起来具体是什么。"

小雅歪着头想了想，忽然眼睛一亮："那我们正好可以互相帮助啊！我可以帮你整理知识，你可以陪我多做题，互相讲解，一起找出问题。"

小睿一听，觉得这个主意不错，兴奋地拍了拍小雅的肩膀："好啊！一起学肯定比自己闷头学要轻松。"

从那天起，小雅和小睿每天放学后都会一起学习。小雅把学过的知识点整理成简单的思维导图，然后讲给小睿听；小睿则会用讲解题目的方式来帮助小雅理解知识的应用。两人还轮流出题。

慢慢地，小雅发现自己做题时思路清晰了许多，原本看不懂的题目也能灵活运用了。而小睿也发现自己记知识点比以前轻松多了，甚至可以反过来给小雅讲解了。两人都进步了许多。

阅读感悟

同学间的互相帮助、一起讨论，不仅能让自己学得更扎实，还能发现更有效的学习方法。在交流中，我们能从不同视角看待问题，发现自身不足，共同攻克难题，也能让学习变得更加有趣。

互助学习

　　自从小雅和小睿开启互助学习模式后，他们的学习生活充满了新的活力。

和同学一起讨论问题、解决困难，学习的乐趣一下子就多起来了。

1. 轮流讲解，互相提问

讲解是最好的学习方式之一，可以和同学轮流讲解今天学到的知识点，互相提问，看看有没有遗漏的地方。

2. 合作攻克难题

遇到不会做的题目时，不要埋头苦想，可以和同学一起分析、讨论，交换解题思路。不同的人的思考方式不同，互相交流能找到更简单、更高效的解题方法。

3. 趣味测试，提升记忆

可以和同学做个小测验，比如互相出题、抢答、限时解题等，把枯燥的复习变成有趣的挑战。通过互动练习，不仅能巩固知识，还能增加学习动力。

学习小测试

如果你和同学一起学习，会选择哪种方法？请在方框里打"√"。

☐ 互相出题，接龙回答，或者换角色讲解知识。

☐ 只看课本内容，不做练习，不讨论。

☐ 让一个人讲完，其他人就背答案。

从考试中学习

　　小洁学习很认真，平时作业也完成得很好，可是一提到考试，她心里就慌慌的，紧张得不行。考试前几天，她总是睡不好，担心自己会考砸。等到考试当天，她一拿到试卷，心跳就开始加快，脑子一片空白，甚至最简单的题目都变得陌生起来。

　　这天，数学考试结束后，小洁垂头丧气地走出教室，她感觉自己又考砸了。明明有些题目是老师讲过的，可她就是想不起来怎么做。

　　"怎么了？看起来不太开心啊？"雯雯看到她闷闷不乐的样子，关心地问道。

　　小洁叹了口气："考试太可怕了！我本来以为自己学得挺好的，可一到考试就紧张，脑子里什么都想不起来，做题时感觉一团乱，还浪费了很多时间。结果有几道题，等到快交卷了才发现思路，根本没时间写完！"

　　雯雯笑着说："我以前也有过这样的情况，其实考试也是学习的一部分。"

　　小洁皱起眉头："考试还能算学习？不就是测验我们学得好不好吗？平时听课、做作业就已经够辛苦了，为什么还要用考试来增加压力？"

　　雯雯拍拍她的肩膀，认真地解释道："考试确实有压力，但它最大的作用是帮我们找到自己还没掌握的地方。平时做作业，有问题还能翻书或者问老师，可考试只能靠自己，这样就能知道哪些知识点还需要加强。"

小洁想了想，觉得似乎有点道理，但还是有些担心："可是我考试一紧张，脑子就一片空白，怎么办？"

雯雯安慰她："你试着把考试当作一次小测验，不要太在意分数，而是关注自己能不能把学过的东西用出来。考完之后，再认真分析试卷，看看错在哪里，总结一下下次怎么避免。这样一来，不但能巩固知识，还能让自己更有信心。"

听了雯雯的话，小洁若有所思地点点头。

阅读感悟

把考试当作压力就容易焦虑，但如果能把考试当成一次自我检测和学习的机会，就能更好地提升自己。认真分析错题，找到学习中的不足，才能在下一次考试中进步。

考试不只是考试

小洁一直害怕考试，但在雯雯的提醒下，她决定换个角度，把考试当作发现不足、提升自己的机会。

 学习妙招

很多同学害怕考试，但其实考试能帮助我们发现自己哪里掌握得不够好，从而改进学习方法。与其担心，不如学会从考试中学习，提高自己的能力。

1. 分析错题，找到薄弱点

考试后，不要只看分数，而要仔细分析错题，弄清自己是粗心大意还是知识点掌握得不牢。你可以准备一个错题本，把易错点记录下来，定期复习，避免再犯同样的错误。

2. 模拟考试，提升应对能力

平时可以自己做小测验，限定时间，按考试的要求来完成，这样可以减少考试时的紧张感，提高答题速度和准确率。

3. 用考试来调整学习方法

如果考试成绩不理想，说明学习方法需要改进。比如记忆不牢，可以尝试复述法或错题整理法；做题慢，可以练习限时答题。不断调整，找到最适合自己的学习方式。

学习小测试

你在考试中总在同一类题型上犯错，应该怎么改进呢？请在方框里打"√"。

☐ 避开这种题型，不去学习。

☐ 多做相关练习，加强巩固。

☐ 只看答案，不去思考解题思路。

小卡片记忆法

　　小梦的记忆力不是很好，每次背诵课文，别的同学读几遍就能记住，小梦却要花好几天的时间。单词背诵更是让她头疼不已，今天记住了，明天就忘得一干二净。

　　为了提高记忆力，小梦尝试了许多方法。她每天早起大声朗读课文和单词，还试着把知识点写在本子上，一遍又一遍地抄写，手指都写得酸痛了，可效果却不尽如人意。

　　一天课间，小梦又因为记不住英语单词而烦恼，好友小峰看到她垂头丧气的样子，关切地问：“小梦，你怎么啦？”小梦叹了口气，把自己的困扰一股脑儿地告诉了小峰。

　　小峰听完点点头：“其实你不是记忆力差，而是你的复习方法不对。”

　　“啊？”小梦疑惑地抬起头，“那该怎么办？”

　　小峰从书包里拿出一沓小卡片，递给小梦：“这是我用的记忆方法——小卡片记忆法！你可以试试看。”

　　小梦好奇地接过卡片，发现上面写着简洁的知识点，比如数学公式、英语单词，还有一些诗句。她翻了几张，疑惑地问：“这跟笔记本有什么区别？”

　　小峰解释道：“小卡片可以让你随时随地复习，随手抽一张，就能快速回顾一个知识点。比起翻书或者看笔记，这样更有针对性。而且，你还可以正面写问题，背面写答案，这样记得更牢。"

小梦听后，决定试一试。当天放学回家，她找来一叠彩色卡纸，把要背诵的古诗词、英语单词、数学公式等都写在卡片上。每天上下学的路上、课间休息时，小梦都会随手抽一张看看，遇到记不清的，就马上看背面的答案。没过几天，她惊讶地发现，自己的记忆力提高了许多！

阅读感悟

小梦的经历告诉我们，记忆力并不是决定学习效果的唯一因素，学习的关键在于找到合适的方法。卡片记忆法能够帮助我们简化知识点，随时随地复习，强化记忆。

记忆的飞跃

小梦用小卡片来提高记忆力，在学习上取得了显著进步……

 **学习妙招**

　　随身携带小卡片可以让你随时随地复习，帮你把知识牢牢装进脑袋里。只要掌握正确的方法，小卡片就能变成记忆神器。

　　1. 制作简单清晰的小卡片

　　每张卡片只写一个知识点，比如数学公式、成语、英语单词等，用不同颜色的笔分类，只写关键词，避免写太多，保持简洁。

　　2. 随时随地复习

　　把卡片放在口袋里，休息时随手翻一翻，反复测试自己，加深记忆。复习时可以打乱顺序，防止机械记忆，让记忆更牢固。

　　3. 复习＋回顾＝记得更牢

　　先看卡片上的问题，试着回忆答案，再翻看卡片上的答案，检查自己是否答对。每周回顾一次，避免遗忘。

学习小测试

　　怎样用小卡片测试自己学得好不好？请在方框里打"√"。

☐ 把所有卡片摆好，一张张从头看到尾。

☐ 遇到难题直接看答案，不用回忆。

☐ 先看正面的问题，自己试着回忆答案，再翻开确认。

我能按时写作业

小朗活泼又爱玩。每天放学回到家，他总是把书包一扔，就跑去跟小伙伴玩儿，直到爸爸妈妈催了一遍又一遍，他才不情不愿地回家写作业。写作业时也不认真，写两道题又跑去玩，或者翻翻漫画书，作业总是拖到很晚才勉强写完。

有一天，老师通知第二天下午有班级足球比赛，报名的同学放学后要去操场训练。小朗高兴极了，他最喜欢踢足球，立刻报了名。

可是一到晚上，小朗又开始拖延写作业了，妈妈提醒他快写，他却想着"再玩五分钟"，结果一玩就停不下来。等到他真正开始写作业时，已经很晚了，小朗困得眼睛都睁不开，作业写得又慢又乱，最后连改错的时间都没有，只能勉强写完就睡觉。

第二天，老师突然说："大家先交作业，检查完再去操场。"小朗一听，心里"咯噔"一下，昨晚的作业他写得乱七八糟，还有几道题根本没写。老师看了他的作业后，皱了皱眉头："小朗，这几道题你没做完，先补完再去吧。"

小朗急得满头大汗，眼睁睁看着其他同学兴奋地去操场，而自己只能坐在教室里补作业。他懊恼极了，如果昨天写完作业，就不会错过比赛了。

回家后，他把这件事告诉了爸爸。爸爸笑着说："这就是拖延的后果啊！你不想被催着写作业，也不想写作业到太晚，那该怎么办呢？"

小朗认真地想了想，决定改变。他制订了一个"作业计划"：放学后先休息十分钟，然后立即开始写作业，专心写完再去玩。他还给自己设定了一个奖励：按时完成作业，就可以多玩十分钟。

接下来的几天，小朗坚持按照计划执行。他发现，按时写作业，不但不用担心被催，还能轻轻松松地玩，而且睡觉前不用担心作业没写完，心情也变得更好了！

阅读感悟

按时完成任务，才能有更多自由时间。如果总是拖到最后一刻，不仅会让自己手忙脚乱，还可能错过重要的事情。如果你也总是被催着写作业，不妨试试小朗的方法：制订一个固定写作业的时间，专心完成后再去玩。

高效写作业

小朗因作业拖延而错失足球赛的经历，决心做出改变，开始制订高效完成作业的计划……

学习妙招

　　写作业是同学们学习生活中的"重头戏"，但很多人会陷入写作业耗时久、效率低的困境。其实，只要掌握合适的方法，高效完成作业并非难事。

　　1. 营造专注环境，排除干扰因素

　　清理书桌上与写作业无关的物品，如玩具、漫画书等，关闭电视、手机等电子设备，减少外界干扰。在写作业过程中，保持桌面整洁，只摆放当下需要的学习用品。

　　2. 制订合理的写作业计划

　　不要盲目开写，先安排时间，设定一个目标，比如"30分钟完成数学""20分钟完成语文阅读"。可以用定时器来提醒自己，让自己保持专注。

　　3. 完成后认真检查

　　完成作业后，立即进行检查，看看有没有错字、计算错误或漏写的地方，养成检查的好习惯。

学习小测试

　　写作业时总是分心，最好的解决办法是什么？在方框里打"√"。

☐ 让爸爸妈妈盯着你写。

☐ 一边听歌一边写。

☐ 关掉手机和电视，找一个安静的地方写。

分阶段学习法

小玉一直是个勤奋努力的学生，但面对日益增多的学习任务，她渐渐感到力不从心。每天坐在书桌前，看着堆积如山的课本和作业，她常常感到无从下手，学习效率也越来越低。 一天，小玉在课间向好友玲玲倾诉自己的烦恼："玲玲，我每天都花好多时间学习，可感觉效果并不好，好多知识都记不住，作业也做得很慢，这可怎么办呀？"

玲玲听后微笑着说："我有个学习方法或许能帮到你，叫分阶段学习法。我一直用这个方法，感觉学习轻松了很多。"

"分阶段？怎么分？"小玉好奇地问。

玲玲说："我会把学习分成三个阶段——预习、学习和复习巩固。"接着，她打开课本继续说："学之前，先了解。上课前，我会先翻一遍课本，把重点画出来，把自己不懂的地方用红笔标注，上课时就能更有针对性地听。听课时，我会特别注意老师讲解的重点。如果是难点，我就用不同颜色的笔标注，有时还会在课本上画简单的图，帮助理解。"

"这个我也会！"小玉兴奋地说。

玲玲笑了笑："那你有没有试过自己在脑海里讲一

遍知识点？"

"啊？什么意思？"

"就是假装自己是老师，把学到的知识复述一遍。如果能用自己的话讲出来，那就说明真的理解了。"

小玉恍然大悟："原来这样还能检测自己有没有听懂啊！"

"最后一步，就是复习和巩固。我不会等到考试前才临时抱佛脚，而是每周固定时间复习一遍。"玲玲认真地说。

小玉听完，点点头说："我明白了！原来学习不是一口气学完，而是要分阶段消化，慢慢积累才行。"

阅读感悟

在学习过程中，合理的学习方法是成功的关键之一。分阶段学习法能帮助我们有条不紊地推进学习：先预习，听课时抓重点，课后及时复习，让知识在脑海里扎根，不再轻易遗忘。

学得更轻松

　　小玉明白了学习不能一口吃成个胖子，她开始尝试分阶段学习法来让自己学得更轻松。

分阶段学习法是将学习过程拆分成不同阶段，每个阶段都有明确的目标和任务，让学习不再杂乱无章。

1.做好知识铺垫

上课前先看看要学的内容，画出重点，标记不懂的地方。这样上课时，就能更快理解老师讲的知识，提高听课效率。

2.及时巩固知识

学完后，别急着放下书本，回顾一遍当天学的内容，尝试自己讲解，或者用记笔记的方式整理知识点，加深记忆。

3.定期回顾，强化练习

复习的时候，把之前学过的内容重新整理，找出关联点，形成知识链。定期复习能把知识记得更牢固，不容易遗忘。

学习小测试

分阶段学习法最重要的部分是什么？在方框里打"√"。

☐ 只要上课认真听，其他都不重要。

☐ 只在考试前突击复习。

☐ 先预习，再学习，最后复习巩固。

利用课间来充电

　　小强十分勤奋好学，他一心想着要提高学习成绩，觉得课间的时间可不能浪费，得充分利用起来才行。于是，他趁着课间时间复习笔记、做习题。刚开始，他觉得这样挺不错，自己能多看几道题，记住更多知识。

　　可没过几天，他发现自己的状态越来越差，上课时，他总是感觉注意力难以集中，脑子里乱糟糟的，甚至有些内容明明之前看过，却还是记不住。

　　"奇怪，我明明学习时间比别人长，怎么反而变笨了？"小强困惑极了。

　　这天，下课铃响了，同学们一如既往地冲出教室玩耍，而小强依旧坐在座位上，皱着眉头翻看课本。他的异样被班主任发现了。

　　老师走到他身边，轻声问："小强，你怎么不出去活动一下？"

　　小强抬头，看着老师，犹豫了一下说道："我想利用课间时间多学习一点。"

　　老师微笑着点点头："你的努力很值得肯定，但是你有没有发现，最近上课你反而更容易分心，记不住内容？"

　　小强愣了一下，连忙点头："是啊，老师，您怎么知道？”

　　老师坐到他旁边，耐心地解释道：“其实，你的学习方法出了问题。我们的大脑就像一台电脑，如果一直开着很多程序，长期高负荷运转，最终只会变得越来越慢。”

　　小强若有所思。老师继续说道：“学习和休息一样重要，你现在不断学习，却不给大脑休息充电的时间，就像不停让电脑工作，这可不行啊，课间短暂的休息，不是浪费时间，而是为了更高效地学习。”

　　老师指着走廊说：“你可以出去走走，伸展一下身体，简单地看看风景，都会让你的思维变得更加清晰。”

　　听了老师的话，小强放下手里的书，走出了教室。

阅读感悟

　　学习不是一味地埋头苦读，而是需要科学的方法。适当的休息能让大脑更高效地整理和吸收知识，提高专注力和学习效率。

课间充电站

小强原本用下课时间来学习，但老师告诉他，适当的放松才能提高学习效率。于是，他开始尝试利用课间"充电"。

学习妙招

在紧张的学习过程中，合理利用课间时间，不仅能帮助我们放松身心，还能让大脑更高效地运转，在短时间内恢复精力，让学习事半功倍。

1.适当活动，激活大脑

课间可以走动一下，伸展身体，或者做些简单的运动，比如跳绳、踢毽子、慢跑等。这些活动能促进血液循环，让大脑获得更多氧气，帮助提高专注力。

2.放松身心，调整状态

可以和同学聊聊天、看看窗外远处的风景，或者闭目养神一会儿，让大脑从高强度的学习中短暂抽离，为接下来的学习做好准备。

3.巧用碎片时间，积累碎片知识

如果觉得完全放松有些不习惯，可以利用课间的几分钟，进行知识的碎片化积累，比如对着窗外背单词、背课文等。

学习小测试

如果你上一节课学得很累，课间该怎么调整状态？在方框里打"√"。

- ☐ 闭目休息或看看远处放松眼睛。
- ☐ 继续拿出课本复习，不停地学习。
- ☐ 看喜欢的漫画书。

睡前的"记忆放映厅"

期末考试快到了，可可感到压力很大，他每天晚上都熬夜复习，写完作业后，还要再做模拟测试卷，直到困得睁不开眼睛才去睡觉。第二天上课的时候，他总觉得头昏脑涨，老师讲的内容听不进去，昨天背过的知识，转眼就忘得一干二净。

这天晚上，可可趴在书桌上，眼睛盯着书本，可脑子已经转不动了，甚至连书上的字都变得模糊了。他揉了揉眼睛，打了个长长的哈欠。这时，妈妈端着一杯热牛奶走了进来，看着他疲惫的样子，心疼地说："可可，今天早点睡吧。"

可可苦着脸说："妈妈，期末快到了，我必须抓紧时间复习啊！"

妈妈在他身边坐下，把牛奶递给他，轻声说道："你是不是觉得，学得越多就能记得越牢？"

"不是吗？"可可接过牛奶，迷茫地问。

妈妈笑了笑，摸了摸他的头说："大脑也是需要休息的。你白天学到的东西，只有在睡眠中才能得到整理和记忆。如果你真的想利用睡觉的时间来复习，那可以试试'记忆放映厅'。"

"记忆放映厅？"可可一脸疑惑，"那是什么？"

113

妈妈耐心地解释道："'记忆放映厅'就是在睡前一两个小时，专门复习需要记忆的内容，比如背课文、记单词、整理重点知识。然后，当你躺在床上，闭上眼睛时，就像看电影一样，在脑海里回顾今天学过的内容。这样，你的大脑在睡眠中会自动整理和加强记忆。"

可可听得入了神，眼睛一亮："这听起来好神奇，那我今晚就试试看！"

妈妈微笑着点点头："但有个前提，必须保证充足的睡眠哦！"

可可喝完牛奶，合上书本，准备按照妈妈的方法，开启自己的"记忆放映厅"……

阅读感悟

睡眠对记忆的作用特别重要，盲目熬夜复习，反而会降低学习效率。妈妈教给可可的"记忆放映厅"方法很有趣，也很实用。通过在睡前回顾一天学过的内容，让大脑在睡眠中自动整理和加强记忆，这样既能保证充足休息，又能提高学习效果。

睡前的知识回顾

可可因为熬夜学习，白天上课精神不佳，妈妈告诉他一个更有效的方法进行睡前的知识回顾，看看可可的尝试吧！

 **学习妙招**

　　睡前适当回顾学习内容，能帮助大脑更好地整理信息，使记忆更加深刻。该方法只需短短几分钟，就能让知识在大脑中"定格"，醒来后记得更清楚。

　　1.回顾重点知识

　　睡前是大脑整理信息的黄金时间，可以在睡前一小时轻松回忆当天学习的知识，比如语文的课文、数学的公式或英语单词。

　　2.用"画面感"来帮助记忆

　　想象自己在播放一天的学习内容，就像放电影一样，让知识点在脑海里呈现出来。例如，记单词时，脑海中浮现出对应的图像，或者想象课堂上老师讲解的情景，这样才能让记忆更加牢固。

　　3.睡眠充足，巩固记忆

　　高效学习的前提是保证充足的睡眠。大脑会在睡眠中进行深度记忆整理，学过的知识才会真正被储存下来。

学习小测试

　　当你想用"记忆放映厅"提高学习效率，你会怎么做？请在方框里打"√"。

☐ 睡前随便想一想就行，不用认真回忆。

☐ 先认真学习，睡前再回顾知识点。

☐ 只在考试前一天用这个方法复习。

每天坚持进步一点

　　小妍是一个可爱又有上进心的学生，但她总觉得自己的进步太慢，学习成绩也不够理想。她看到班里的小优成绩一直很好，忍不住问她："小优，你是怎么做到每次考试都那么优秀的？"

　　小优笑着说："其实我没有什么特别的秘诀，就是每天进步一点点。"

　　"每天进步一点点？"小妍疑惑地问。

　　"对呀！"小优点点头，"每天比昨天多记住一个单词、多做一道题、多理解一个知识点，时间久了，积累就会变成很大的进步！"

　　小妍听了，觉得很有道理。于是，她给自己定了一个每天小目标，比如今天多做 5 道数学题，明天多记 5 个英语单词，后天复习前一天学过的内容……她还专门准备了一个进步记录本，每天晚上都会在上面写下当天的收获，比如：

　　今天记住了 5 个英语单词。

　　搞懂了某个公式的概念。

　　课堂上回答了老师的问题，信心提升了一点。

　　……

　　一开始，小妍觉得这些进步都很微小，随着时间的推移，她的努力开始有了明显的回报。在一次数学小测验中，她的成绩有了显著提高。老师在课堂上表扬了小妍，小妍心里别提有多高兴了。

有一天放学后，妈妈看着小妍认真做作业的样子，笑着问："小妍，你最近好像更有动力学习了呀？"

小妍高兴地点点头："是呀！我每天都进步一点点，虽然暂时不会有什么大变化，但积少成多，现在学习变得更轻松了！"

妈妈温柔地摸了摸她的头，说："这就像种子发芽一样，刚开始看不到变化，但只要坚持浇水施肥，总有一天会长成大树。"

小妍听了，心里暖暖的，她暗暗下定决心，要把这个好习惯一直坚持下去，让自己每天都更上一层楼！

阅读感悟

每天坚持一点小进步，时间久了就会有很大的提升。有时候，我们可能觉得自己的进步不明显，但只要每天都比昨天更好一点点，就会积累出惊人的变化。学习不是一蹴而就的，而是需要长期的坚持和积累。

慢慢变强

小妍开始坚持每天进步一点点，她发现自己越来越自律，变得更强了。

学习妙招

　　坚持好习惯，每天都有小进步，不仅能提升我们的能力，更能培养我们坚韧不拔的毅力，让我们在成长之路上稳步前行。

　　1. 设定"小目标"，每天完成一点点

　　目标不需要很大，比如今天记住 5 个新单词、做对一道数学难题，或者多读 5 分钟课外书，把大任务拆小，一步步完成，就不会觉得压力大。

　　2. 培养日常习惯，点滴积累

　　建立有助于进步的日常习惯，如每天阅读 15 分钟课外书籍，长期坚持就能拓宽知识面、增强理解能力，为学习其他科目打下良好基础。

　　3. 坚持复盘，每天进步看得见

　　每天晚上回想一下：今天学到了什么？有没有哪里不懂？明天怎么改进？当发现自己真的在进步时，会更有信心继续努力！

学习小测试

　　如果你想每天在英语上有进步，你会选择哪种方法？请在方框里打"√"。

☐ 一天背 50 个单词。

☐ 每天背 5 个单词，并且定期复习。

☐ 只在考试前几天才开始背单词。